寻迹

揭开人类文明的96个未知秘密

ABANDONED
CIVILISATIONS

世界图书出版公司
北京 · 广州 · 上海 · 西安

版权登记号：01-2019-3942

图书在版编目（CIP）数据

寻迹：揭开人类文明的 96 个未知秘密 ／（英）基隆·康诺利（Kieron Connolly）著；刘畅译 . —北京：世界图书出版有限公司北京分公司，2019.6（2023.5 重印）

书名原文：Abandoned Civilisations

ISBN 978-7-5192-6383-6

Ⅰ . ①寻… Ⅱ . ①基… ②刘… Ⅲ . ①世界史 – 文化史 – 通俗读物 Ⅳ . ① K103-49

中国版本图书馆 CIP 数据核字（2019）第 114249 号

书　　名　寻迹：揭开人类文明的 96 个未知秘密
　　　　　XUNJI：JIEKAI RENLEI WENMING DE 96 GE WEIZHI MIMI
著　　者　（英）基隆·康诺利
译　　者　刘　畅
责任编辑　王　鑫　倪艳霞

出版发行　世界图书出版有限公司北京分公司
地　　址　北京市东城区朝内大街137号
邮　　编　100010
电　　话　010-64038355（发行）64037380（客服）64033507（总编室）
网　　址　http://www.wpcbj.com.cn
邮　　箱　wpcbjst@vip.163.com
销　　售　各地新华书店
印　　刷　唐山富达印务有限公司
开　　本　889 mm×1194 mm　1/16
印　　张　14.25
字　　数　2.5千字
版　　次　2019年7月第1版
印　　次　2023年5月第2次印刷
国际书号　ISBN　978-7-5192-6383-6
定　　价　108.00元

如有质量或印装问题，请拨打售后服务电话010-82838515

目 录

简　介

丛林深处隐藏的寺庙、半埋在沙漠中的城市、地上随意散落的巨大的古代纪念碑——这些景象不禁让人感到好奇：这些如此强大的文明是怎么消失的？在本书中我们将看到的原因是多种多样的：气候变化、环境破坏、外敌进犯、宗教冲突，以及贸易模式转变。

通常，随着古代文明的解体，宏伟的建筑会被洗劫一空，自然湮灭了一切，只留下最坚固的建筑。然而，有时候自然又担任保护者的角色。从非洲到印度，再到墨西哥，几百年来，丛林和沙漠将宏伟的建筑和寺庙严密地保护起来，使它们远离恶劣天气的影响、人为的无情破坏。现在，它们重新走入我们的视野，等待新一轮的探索。我们无法解释其中所有的奥秘——这也正是它们的魅力所在——但我们可以开始了解它们是如何消失的，又是如何被重新发现的。

上方：

提姆加德，巴特纳，阿尔及利亚

古罗马的提姆加德在沙漠中消失了一千多年，但也因此才保存了这座城市。直到19世纪，它才被重新发现。

右侧：

美山，广南省，越南

4—14世纪间，占婆王国在其首都建造了印度教寺庙（今越南中部的美山）。然而在15世纪初，信奉儒教的越南人从北方进犯，美山自此遗失。

非　洲

纵观历史的长河，追溯遥远的过去总是有一定的风险的，我们将几百年乃至几千年当作一两代人的时间来对待。公元前 1 世纪，当恺撒在非洲北部重建迦太基城时，埃及金字塔就已经存在两千年了。恺撒离我们有多久远，金字塔离恺撒就有多久远。甚至对一些法老来说，金字塔也是很古老的：公元前 16—前 11 世纪之间，为了修建帝王谷，新王国时期的埃及人洗劫了 1000 多年前古王国建造的金字塔。

当然，埃及文明可以追溯到更久远的时候。公元前 3100 年，第一个王国统一了尼罗河下游的沙漠地带，在尼罗河水年年冲刷的河岸上，作物茁壮生长，王国因此积累了财富。但如果我们再往前追溯的话，我们就会看到一个完全不同的北非。在阿尔及利亚和突尼斯，公元前 7000 年的壁画描绘的是大象、长颈鹿和犀牛，这表明这个地区并不总是沙漠。事实上，它曾经是草原气候带。未来的文明也许会见证它们重新变回大草原，并将沙漠中的所有岁月当作一段古老的历史。

左侧：

阿布·辛拜勒神庙，阿斯旺省，埃及

阿布·辛拜勒的两座寺庙是拉美西斯二世（公元前 1304—前 1237 年）统治时期在山坡上开凿成的。它们在流沙下消失了数千年，直到 19 世纪早期的考古发掘才被发现。20 世纪 60 年代，随着阿斯旺大坝的建设，这些寺庙随时面临着被淹没的风险，因而它们全部被挖出来，重新安置在了地势较高的地方。

廷塔扎利夫，阿杰尔高原，阿尔及利亚

撒哈拉沙漠现今是一片沙漠，但它曾经是非洲大草原的气候，阿杰尔高原（公元前 6000 年至 1 世纪）上的 15000 幅洞穴壁画和版画描绘的不只是猎人、绵羊和牛群，还有大象、长颈鹿和犀牛。作为该遗址最古老的人类创作之一，这幅壁画展示了一个用羽毛装饰的圆头猎手。在最右边，可以看到猎人的弓箭。

瓦迪马森杜斯，费赞，利比亚

瓦迪马森杜斯的岩石雕刻和洞穴壁画制作于公元前 6000 年左右，其中包括大象、长颈鹿、野猫、鳄鱼、河马、原牛（已灭绝）和一个杀死犀牛的人类形象。

右侧：

推菲尔泉岩画，库内内，纳米比亚

在推菲尔泉岩画，有 2500 多件雕刻和绘画作品，它们的历史可以追溯到公元前 4000 年至公元前 1 世纪。这些作品是由生活在半沙漠环境中的狩猎采集部落创作的，大多描绘的是羚羊和捻角羚等动物。这幅画的不同之处在于它描绘的是人。

下方：

推菲尔泉岩画，库内内，纳米比亚

位于壁画底部的狮子有一条细长的尾巴，尾巴顶端形似一个爪印。这象征着在灵界里，人变成了狮子。同样的，长颈鹿有五只角。画中的动物还包括羚羊。

上方和左侧：

拉斯·吉尔，哈尔格萨，索马里

拉斯·吉尔岩画的创作从公元前 9000 年持续到了公元前 3000 年，这些作品在十个花岗岩凹室和悬岩中被发现。这些岩画描绘了牧民、长颈鹿、狗，以及正如我们所看到的，好像穿着宗教服饰的长角牛。

所有照片：

胡夫金字塔，吉萨，埃及

埃及古物学家普遍认为，吉萨三座金字塔中最大的一座，胡夫金字塔，建于约公元前2580—前2560年，是法老胡夫的坟墓。

金字塔高146.5米，曾经是世界上最高的建筑。起初，它被覆盖在光滑的白色石灰岩中，不过我们今天看到的是下面的花岗岩核心。

它的所有房间和通道的用途仍在探索中，尚未完全了解。

狮身人面像，吉萨，埃及

狮身人面像由石灰岩岩床切割而成，一般认为它是由法老哈夫拉（约公元前 2558—前 2532 年）建造的，哈夫拉还在吉萨建造了第二座金字塔。这座纪念碑由狮子的身体和人的头构成，人们认为它代表着哈夫拉本人。狮身人面像靠近埃及古王国首都孟斐斯，是吉萨金字塔、纪念碑和墓地建筑群的一部分。

所有图片：

瓦瑟特，卢克索，埃及

今天，在现代城市卢克索发现了瓦瑟特（底比斯）的遗迹。位于尼罗河上游距离孟斐斯 644 公里处，瓦瑟特是埃及新王国时期（约公元前 1550—前 1077 年）的首都。

卢克索神庙建于法老阿蒙霍特普三世统治时期（约公元前 1388—前 1350 年），用于王权的复兴。

右图是卡纳克神庙的公羊阿蒙——该地的神祇，其形象被认为是公羊。

在拉美西斯三世神殿（对面）的院子里，柱子支撑着门廊。

LORENZO

上一页：

阿布·辛拜勒神庙，阿斯旺省，埃及

阿布·辛拜勒神庙的外立面装饰着四尊20米高的拉美西斯二世砂岩雕像。其中一尊雕像（估计建于公元前1265—前1244年间）在地震中受损，现在它的头部和躯干就躺在它的脚下。这座寺庙被废弃不用后，在公元前6世纪，沙漠的沙子就已经堆积到了雕像的膝盖。

左侧：

阿布·辛拜勒神庙，阿斯旺省，埃及

在神庙里面有三个房间，从入口到圣所，房间的面积逐渐缩小。在神庙大厅里，八根柱子代表了圣化的拉美西斯。墙上的浮雕上描绘着众多战斗场景，包括卡迭石战役（约公元前1274年），在这场战役中，拉美西斯二世曾乘坐战车对抗赫梯军队。一年中只有两天，初升的太阳的第一缕光线会穿透整个寺庙，将圣所投射在远处的墙上。

下一页：

拉美西斯二世脚下的雕像代表了他的母亲、大王后奈菲尔塔利以及孩子们。

拉美西斯二世成功地领导了针对叙利亚和努比亚南部的军事行动，并在埃及各地修建了大量宏伟的建筑——南部的阿布·辛拜勒、北部的卢克索，以及尼罗河三角洲。在这里他建造了自己的新首都——拉美西斯城。

RACHEL
C BLACK
MONEY
KYRLE

PAOLO SAPINZA

努比亚金字塔，麦罗埃，苏丹

努比亚是埃及帝国的前殖民地，建立于公元前 8 世纪的尼罗河畔。它一直延续到公元 4 世纪初，因为与邻国贸易的衰落以及与罗马帝国旷日持久的军事冲突导致了该王朝的覆灭。

麦罗埃，王国最后的首都（约公元前 300—300 年），是铁和黄金的生产中心。在这些花岗岩和砂岩金字塔中，有 200 座是国王和王后的墓穴。

安东尼浴场，迦太基，突尼斯省，突尼斯

安东尼浴场发源于古罗马的迦太基，于公元前 49 年由恺撒建造而成。但是古罗马的城市是建立在腓尼基的迦太基的废墟上的，作为一个重要的港口和城邦，迦太基于公元前 146 年被古罗马摧毁。698年，迦太基被倭马亚王朝攻占。其城墙被拆毁，供水被切断，港口无法使用。

提姆加德，巴特纳省，阿尔及利亚

提姆加德由罗马皇帝图拉真于100年建立，是一个军事殖民地，用来抵御奥雷斯山脉的柏柏尔人。在扩张的过程中，这座城市建造了大量的浴室、圆形竞技场、图书馆和教堂，成为早期基督教的中心。在5世纪，随着日耳曼部落进犯罗马帝国，这座城市被汪达尔人洗劫一空，后来又遭到柏柏尔人的攻击。一个世纪后，拜占庭军队进入提姆加德时，发现那里空无一物。在拜占庭帝国的统治下，这座城市恢复了生机，但在8世纪，阿拉伯人进犯，它再一次成为废墟。

提姆加德逐渐被埋在沙漠之中，在考古学家于19世纪晚期发现图拉真拱门的顶端之前，它已经消失了一千多年，紧接着又有城市的其他部分被发现。

所有照片：

大城堡，大津巴布韦遗址，马斯温戈省，津巴布韦

大津巴布韦是在 4 世纪时建立起来的，但是这里看到的石墙、台阶和建筑直到 11 世纪才开始建造。该遗址占地 730 公顷，居住着科科米尔人的后代——今天位于非洲南部的绍纳人的祖先。它的重要性建立在当地开采的黄金和深远的贸易上：在挖掘中发现了中国的陶器和阿拉伯的硬币。

大津巴布韦最古老的部分，山丘建筑群（右图），矗立在高过周围平原的花岗岩上。从 9 世纪到 13 世纪，它被占领。另一个建筑是大围场（最右边），有 11 米高的墙，延伸 250 米，是撒哈拉沙漠以南最大的古代建筑。由于未知的原因，在 1450 年之后，定居人数减少了。大津巴布韦并不是独一无二的，津巴布韦和莫桑比克其他地方也有类似但规模较小的遗址。

亚　洲①

发现一座遗失在茂盛芦苇和丛林中的古老神庙或者一座城市，听起来像是电影中的情节。但这样的场景并不止存在于小说中。5 世纪，印度阿旃陀洞穴中的神庙在废弃之前进行了最后一次粉刷。尽管当地人并没有完全忘记这些湮没在杂草丛中的洞穴，但直到 19 世纪，也就是 1400 年后，人们才对这些洞穴进行了全面的探索。阿旃陀并不是唯一的例子：在 19 世纪被重新发现之前，克久拉霍神庙群——也是在印度——已经在丛林中度过了 600 年，而在印度尼西亚，婆罗浮屠自 14 世纪以来就被废弃了。

比上述一切更著名的是柬埔寨的吴哥。尽管这座大城市从未完全消失在丛林中，但它已经被遗弃了两个多世纪，19 世纪 60 年代法国考古学家开始对它进行探索时，它已经长满了杂草。丛林是如此的茂密，以至于仅仅几米远的建筑都会被树叶完全遮住。谁知道我们还会在世界的丛林中偶然发现什么古老而隐秘的惊喜呢?

左侧：

塔布龙寺，吴哥，暹粒省，柬埔寨

吴哥始建于 9 世纪晚期，作为高棉帝国的首都，1431 年被遗弃。它曾是世界上面积最大的城市，寺庙、房屋、运河和稻田绵延 1000 平方公里。它的木质建筑没有保存下来，但是现存 1000 座砂岩寺庙。

① 这部分提到的亚洲不包括中东地区。

左侧和上方：

比莫贝卡特，中央邦，印度

比莫贝卡特的 243 个洞穴中有 3 万年前的绘画作品，其中包含了整个印度次大陆的人类生活的最早痕迹。虽然一直以来，人们都知道这些洞穴，但直到 19 世纪末它们才引起学术界的兴趣。

这幅画描绘的是骑在马背上的武装士兵，创作于公元前 1000—前 800 年。比莫贝卡特的其他洞穴壁画以动物为主题，如野牛、大象、老虎、犀牛和鹿，以及对狩猎场景、空中战车和树神的描绘。岩石上的颜色是由植物和矿物染料制成的。

上一页：

赛达昆达，中央邦，印度

在印度，150 个遗址中，有 1000 多个岩穴中有壁画，但最集中的是中央邦的砂岩洞穴。该地区距离博帕尔市 24 公里，它的洞穴艺术可以追溯到 5000 年前。画面上是骑在马上的战士。

左侧：

摩亨佐·达罗，信德省，巴基斯坦

摩亨佐·达罗建于公元前 2500 年左右，是印度河流域文明的主要定居点之一，位置在今天的阿富汗东北部，并穿过巴基斯坦直到印度西北部地区。

在复杂精巧的城市规划下，它被设计成一个呈网格状的砖石建筑系统。从远处可以看到这座城堡，里面有公共浴池、排水系统和地下供暖系统。

目前还不清楚印度河流域文明失落的确切原因，但学者们认为干旱是其中一个原因：大约公元前 1800 年季风减弱，气候变得凉爽干燥。在不到一个世纪的时间里，大多数城市，包括摩亨佐·达罗，都被遗弃了，人口向东迁移到了恒河流域。

乔加赞比尔建筑群，胡齐斯坦省，伊朗

约在公元前 1250 年，埃兰国王安塔什·那皮瑞萨建造了塔庙，乔加赞比尔建筑群都围绕着这个泥砖金字形塔庙——一个神圣的长方形阶梯建筑。塔庙之外是十一座较小的寺庙、皇家宫殿和一座精致的提纯厂，用于过滤从乔斯帕斯河引来的水。这座五层的塔庙上原本会有一座高 53 米的寺庙，但如今它的高度只有原来的一半。上釉的陶土公牛雕像和带翅膀的狮鹫雕像曾经守卫着其入口。

该建筑于公元前 640 年被亚述国王亚述巴尼拔摧毁。

左侧：

波斯波利斯，法尔斯省，伊朗

波斯波利斯由纪念性的阶梯、宏伟的通道、巨大的王座房间和数百个雕刻的饰带组成，由大流士一世于公元前 515 年建立，是阿契美尼德帝国的举行仪式的首都。

在大流士一世统治下的鼎盛时期，阿契美尼德帝国是那时已存的最大的帝国，西起地中海和黑海，东至印度河流域。公元前 334 年，马其顿的亚历山大三世——亚历山大大帝——进犯小亚细亚，在一系列战役中击败了大流士三世带领的波斯军队，攻占了帝国真正的首都，巴比伦和苏萨。

公元前 330 年，当波斯波利斯投降时，亚历山大的军队洗劫了这座城市，然后将其付之一炬。不久，大流士三世被谋杀，阿契美尼德帝国瓦解，亚历山大继续向东推进，将波斯波利斯和其他被攻占的省变为马其顿帝国的领土。

下一页：

波斯波利斯，法尔斯省，伊朗

这幅来自波斯波利斯最大的建筑——觐见大殿的石灰岩浮雕展示了波斯帝国各民族的代表们排队向大流士一世进贡的场景。艺术是生活的镜子：觐见大殿应该曾被国王用来接受代表们的朝拜。

上一页和右侧：

秦始皇兵马俑，陕西省，中国

1974 年，农民们在挖掘一口井时发现了兵马俑。兵马俑遗址包括 8000 多件真人大小的兵俑、百余辆战车和上百匹战马，埋于秦始皇的墓地。秦始皇是中国第一位皇帝，死于公元前 210 年。

这些塑像最初绘制着鲜艳的颜色，制造它们是为了在下一世继续保护皇帝。塑像包括了官员、乐手和杂技演员。在陵墓建成后的 2000 年中，它被隐藏在累积而成的 5 米黄土之下。

这个以秦首都咸阳为原型的巨大墓地目前在国家的保护中，原占地 250000 平方米，现占地 120000 平方米。

右侧：

阿旃陀石窟，奥兰加巴德县，马哈拉施特拉邦，印度

阿旃陀石窟位于瓦格河的一个拐弯处，是在洪水冲刷的玄武岩上雕刻而成的。这里的佛教石刻雕塑和绘画可以追溯到两个独立的时期：第一个阶段始于公元前 2 世纪，第二个阶段则是介于 460 年至 480 年之间。

在过去的几百年，这 29 个洞穴被废弃，入口也被密林遮蔽了。

虽然当地人知道这些洞穴的存在，但直到 19 世纪初，这些洞穴引起了英国殖民统治者的注意时，对它们的探索才展开。

下一页：

第 26 号洞穴，阿旃陀石窟，奥兰加巴德县，马哈拉施特拉邦，印度

5 世纪晚期，一座佛堂——26 号洞穴被发掘出来，它是阿旃陀石窟第二阶段的建筑。在其中部是一座石刻的舍利塔，并有一尊佛祖坐像。洞穴里的其他作品包括释迦牟尼涅槃像，以及描绘着他生活场景的画作。

所有图片：

交河，新疆维吾尔自治区，中国

交河位于中国西北部边远地区，从公元前2世纪末到13世纪并入吐鲁番之前，它一直是丝绸之路上的一个重要城市。城市建筑是半地下式的，并由晒干的泥砖搭建而成。

640年，交河在唐朝的统治下，并一度成为唐朝西部军队的驻扎地。尽管它有军事角色，这座城市却没有城墙——它位于两座陡峭河谷之间的树叶形悬崖上，是一座天然的堡垒。

尼雅古城，新疆维吾尔自治区，中国

尼雅位于塔克拉玛干沙漠，据说曾经是丝绸之路南部支路的商业中心。这座城市在500—1000年之间发展到顶峰，但是它被遗弃的原因却不得而知。被遗弃后，尼雅就在沙漠中消失了，直到20世纪初才被重新发现。

石城，塔什库尔干塔吉克自治县，新疆维吾尔自治区，中国

今天的城墙是石城的全部遗迹，但作为丝绸之路穿过塔克拉玛干沙漠的西部枢纽，几个世纪以来，石城一直是重要定居点，一直延续到14世纪。清末，城南建起新城，石城自此废弃。

卧佛，莫高窟，甘肃省，中国

1 世纪，来自西亚的僧侣们沿着中亚丝绸之路将佛教自西传入中国。他们穿过了塔克拉玛干沙漠后，在敦煌组建了一个团体，并在附近寻找冥想之地，然后开始在莫高窟开凿洞穴。

现存最早的洞穴可以追溯到十六国时期（366—439 年），最近的一个是在一千年后的元朝（1227—1368 年）完成的。在其鼎盛时期，莫高窟有 1000 多个洞穴，这其中 735 个洞穴中大量壁画和 2400 个泥塑被保存了下来。这尊高 15.6 米的卧佛是在 8 世纪末或 9 世纪初西藏人在敦煌制作的。

在 10 世纪初唐朝灭亡后，随着伊斯兰教在中亚的扩张，中国转而支持海路贸易而不是陆上丝绸之路，敦煌开始衰落。对洞窟的修建投资也逐渐减少，只有最虔诚的信徒才将莫高窟视为最终的朝圣地。

19 世纪晚期，当人们重新对这些洞窟产生兴趣时，其中一些洞窟已经淹没在了沙海之中。在一个自 11 世纪以来就一直密封的洞窟中，人们发现了多达 5 万份手稿，其中包含许多佛教典籍。其中有中文版的《金刚经》，这一版本可以追溯到 868 年，是已知年代最久远的印刷书籍。这些藏品还包括景教手稿，以及中国官方的公文和字典。

萨桑浮雕，法尔斯省，伊朗

石灰岩上雕刻的萨桑浮雕可以追溯到3世纪早期的萨桑帝国。这个浅浮雕是为了纪念沙普尔一世（在位时间241—272年）在244年战胜罗马人而作。浮雕中，沙普尔一世骑在马上，后面跟着他的儿子们和众多贵族。

所有图片：

锡吉里亚，中央省，斯里兰卡

有关锡吉里亚的历史尚不清楚，但这里有一个版本：477 年，国王达图塞纳的私生子迦叶发动了一场政变，杀死了他的父亲，并从他的哥哥目犍连手中夺取了王位。迦叶将斯里兰卡首都从阿努拉德普勒迁移到锡吉里亚，在 180 米高的花岗岩之上建造了他的宫殿堡垒。

今天，只有狮子门剥落的狮爪（最左边）留在了那里，但在它们之上曾立着一个狮头雕像。迦叶在宫殿、谷地和其他区域建了 100 多个水池（上图）。建在接近山顶的水池，被认为是国王沐浴的地方。

宫殿的墙壁上有壁画（左图），描绘的是 500 多名妇女，但目前我们并不清楚这些壁画所代表的人是谁。

锡吉里亚，中央省，斯里兰卡

目犍连在逃到印度后组建了一支军队，并在 495 年的战斗中打败了他的弟弟迦叶。据说，迦叶被军队抛弃，选择了自杀。在目犍连把首都搬回阿努拉德普勒后，锡吉里亚降为一座佛教寺院，直到 14 世纪。

所有图片：

埃克卡拉，索尔坦加拉，梅尔夫，土库曼斯坦

埃克卡拉像是位沙漠中的漂泊者，一座半要塞式的两层宫殿，有着独特的波纹墙。

索尔坦加拉是梅尔夫最大的城市，后者是中亚西部丝绸之路上的一座绿洲。自公元前 3 世纪以来，梅尔夫就有城市存在，但索尔坦加拉是在 8 世纪中叶由波斯领导的阿拔斯革命所推动而建立的，该革命推翻了阿拉伯人领导的倭马亚王朝。伊斯兰帝国在中亚盛极一时，并开始向东扩张。

13 世纪，随着阿拔斯王朝的衰落，索尔坦加拉的重要性也在减弱。1258 年蒙古人攻占巴格达，王朝灭亡。

右侧：

巴姆城堡，克尔曼省，伊朗

巴姆城堡是世界上最大的泥砖建筑，始建于阿契美尼德王朝（公元前558—前330年），但大部分工程是在帕提亚王朝（公元前247—前226年）和萨桑王朝（226—651年）时期完成的。

巴姆是重要的棉花和丝绸生产地区，也是丝绸之路上的一站，在7世纪和13世纪分别被阿拉伯人和蒙古人攻占。几个世纪以来，平民从城堡搬到了城墙外的新城。到19世纪末，这座城堡已经没有平民居住，1932年，最后一支驻军离开。

2003年，巴姆发生了一场大地震，26000多人因此死亡。该地区多达90%的建筑遭到破坏，正如图中所示，城堡损毁严重。巨大的修复工作开始了，到2016年，巴姆城堡基本完成重建。

下一页：

蒲甘，曼德勒，缅甸

从9世纪到13世纪，蒲甘是蒲甘王朝的首都。王国在其鼎盛时期的最后两个世纪里，建造了1万多座庙宇、宝塔和佛室。佛教成为占统治地位的宗教，但印度教和其他当地传统信仰也被允许存在。

然而，在13世纪晚期蒙古人的多次极具破坏性的进犯下，蒲甘王国最终崩溃。蒲甘幸存了下来，但只是作为一个较小的定居点和朝圣地。

上一页：

克久拉霍，中央邦，印度

孤立和忽视可能拯救了印度中部克久拉霍的印度教和耆那教寺庙。这 85 座寺庙大部分建于 950—1050 年的昌德拉王朝时期，分布在距离默霍巴的昌德拉首都 56 公里的山丘上，面积超过 21 平方公里。

13 世纪，当昌德拉王国被德里苏丹国的穆斯林军队占领时，克久拉霍开始衰落。

一些寺庙被毁，但因克久拉霍位置偏远，避免了如其他圣地一样被亵渎的命运。但在几个世纪之后，森林吞没了克久拉霍。在 1838 年，当地人带领一名英国测量员来到这些寺庙，人们又开始对它们进行探索。如今丛林被清理，围绕克久拉霍兴起了一座旅游小镇。

22 座寺庙得以幸存，以情欲雕塑而闻名，尽管这些雕塑只占雕画的 10% 左右。其他雕塑描绘的则是农业场景、战士、印度神祇和耆那教宗师。

左侧：

柏威夏寺，柏威夏省，柬埔寨

柏威夏寺位于现今柬埔寨北部和泰国接壤的扁担山脉的悬崖上，是一座印度教寺庙，主要由高棉帝国建于 11 和 12 世纪。当印度教在该地区衰落时，这座寺庙被佛教徒使用。

从 14 世纪初开始，高棉帝国开始衰落。这被认为是由多种因素导致的。比如有记录显示，季风变得更加多变，频繁的强降雨后是干旱。然后是阿瑜陀耶王国入侵北方、帝国内部的朝代纷争，以及从印度教到佛教的转变、神王的概念削弱，这些都可能导致了人们对皇室权威的支持下降。

左侧：

班迭奇马寺，班迭棉吉省，柬埔寨

这座位于班迭的佛教寺庙多年来不仅遭到忽视，还遭到了洗劫。在20世纪70年代和80年代的柬埔寨内战期间，这座寺庙到处都是地雷，如今寺庙已恢复了一部分。这座浮雕建于高棉国王阇耶跋摩七世统治时期（1181—约1220年），浮雕描绘了越南南部占婆的军事冲突，以及日常生活中的场景。

上方和下一页：

吴哥窟，暹粒省，柬埔寨

吴哥窟占地162.6公顷，是世界上最大的宗教遗迹。这座寺庙是高棉国王苏利耶跋摩二世在12世纪上半叶修建的，寺庙最初是供奉印度教神祇毗湿奴的，但到该世纪末已经被改造成为佛教场所。上面的浮雕和吴哥窟的大多数浮雕一样，描绘的是印度史诗中的某个场景。

吴哥精心设计运河网来收集、储存和引导雨季的雨水，用于水稻生产。关于城市衰落的一种理论是砍伐森林导致暴雨时土壤流失，淤塞了运河。

南入口，大吴哥，暹粒省，柬埔寨

比邻吴哥窟，大吴哥是由阇耶跋摩七世在12世纪末建立的，占地9平方公里。1431年，大吴哥的宫殿和寺庙被阿瑜陀耶王国洗劫一空，之后高棉首都迁往东南。大吴哥逐渐衰败，最终在1660年左右被废弃。

在通往大吴哥的护城河上的一座桥上，这些印度教神祇手持娜伽（毒蛇），可能代表着外部世俗世界和内部神圣世界之间的联系。

上方和对面：

马哈塔寺，大城府，泰国

大城王国始建于1351年，有着高度发达的社会组织，与亚洲，后来与欧洲有着贸易联系。它的首都大城府建在湄南河的一个小岛上，湄南河流入泰国湾。在与邻国的战争中，这个王国在15世纪袭击了东南部吴哥的高棉帝国，从16世纪中叶开始与北部的缅甸人进行了多次战争。

1765年，缅甸人再次进犯了这个王国。大城府被包围，在最后投降和被敌军放火焚烧前，它一共坚持了14个月。这一次，王国垮台了，但缅甸的统治并没有持续多久：几个月后，为了保卫自己的首都免受外敌的进犯，他们不得不撤退，大城府陷落五年后，下游62公里处的一个贸易站被指定为新首都，也就是如今的曼谷。

照片（上图）显示了一个石雕佛头，一棵无花果树铺满它的头部。

下一页：

万里长城，滦平县，河北省，中国

和长城现存的大部分区段一样，金山岭长城全长10公里，建于明朝（1368—1644年）。

长城的第一部分早在公元前7世纪就已建成，以保护中国北部边境免受欧亚大草原上游牧民族的袭击。几个世纪以来，城墙被不断扩建和加固，砖石取代了泥土和木头，同时其功能也扩大了，包括控制边境和贸易。今天，仅明长城段的人工墙体就有约6259公里长。

随着清朝开疆拓土（1644—1911年），其疆界发生了变化，不再划定边界，长城的修建和维护也停止了。

中　东

历史学家曾经认为，农业遍布世界各地之前是在中东发展起来的，现在他们认为农业是在不同的大陆独立发展起来的。在中东，大约从公元前 9000 年开始，人们就种植了小麦，驯养了山羊，1000 年后又种植了豌豆和扁豆，在公元前 4000 年驯养了马。公元前 7000 年左右，中国开始种植水稻和粟，驯化野猪；在南美洲，公元前 3500 年人们开始种植土豆，驯化美洲驼；在中美洲，大约在公元前 4500 年，这里的人开始种植玉米和豆类。在全球范围内，食物的增加使更大的定居点得以形成，世界上最早的大型定居点出现在中东。从公元前 5000 年开始，拥有成千上万居民的城市在肥沃新月上拔地而起。从今天的埃及、中东、土耳其南部一直延伸到伊朗西部。公元前 1000 年，晚期的亚述帝国、巴比伦帝国和波斯帝国统治了数百万人。后来，罗马帝国则有 1 亿臣民。

从土耳其一个有 9000 年历史的小镇，到壮丽的佩特拉和巴尔米拉，这些文字讲述了肥沃新月一些最引人注目的早期文明的故事。

左侧：

佩特拉，马安省，约旦

古城在地表呈现出砂岩洞穴的形态。建于公元前 4 世纪的纳巴泰人的佩特拉，通过乳香贸易积累了它的大部分财富。这种芳香树脂在中东和地中海的宗教仪式中是必不可少的，同时在印度和中国也很受欢迎。

但纳巴泰人——曾经的游牧民族——掌握着沙漠里的乳香贸易。任何从沙漠向北运送乳香的商人都必须经过位于佩特拉的绿洲，并支付通行费。

所有图片：

恰塔霍裕克，科尼亚省，土耳其

250 万年以来，人类一直是狩猎采集者，采摘野生水果，捕捉野生动物。但是，从公元前 9500 年到公元前 8500 年，土耳其东南部、伊朗西部和黎凡特地区的人们开始驯化一些当地的动物，种植农作物：小麦、大麦、豌豆、扁豆、绵羊和牛。

渐渐地，季节性和永久性的定居点围绕着这些农作物和牲畜逐渐形成——食物产量的增加使人口数量得以增加。

到公元前 7000 年，恰塔霍裕克居住了 5000 到 10000 人，很可能是当时世界上最大的定居点。狩猎仍然是恰塔霍裕克人主要的食物来源，但考古证据表明，他们有了存储小麦和大麦的粮仓，并饲养了绵羊和一些牛。

每座房子都是由泥砖砌成并聚集在一起的，人们从屋顶进入，这也是唯一的通风方式。房子之间没有道路，屋顶实际上就是街道。

死者（上图）被埋在房屋的地板下面。尸体被包裹在芦苇垫子里，人们发现尸体上有旋转的螺纹、斧头，在这个婴儿身上还发现了石珠。

上一页：

乌鲁克，穆萨纳省，伊拉克

公元前3000年早期，在乌鲁克的鼎盛时期，有城墙的它可能是世界上最大的城市，拥有5万至8万人口。这座位于美索不达米亚南部幼发拉底河上的苏美尔城在公元前2000年左右失去了对巴比伦的统治。到了300年，它基本上被废弃了。

左侧：

方尖碑神庙，比布鲁斯，黎巴嫩

从公元前2000年开始，这座腓尼基的寺庙就有26座方尖碑，高度从50厘米到2.5米不等。在方尖碑中发现了1500个覆盖着黄金的人形祭品。近年来，考古学家将这座寺庙搬到了一个新的地方，以便在原来的遗址下面发掘出一座更早期的寺庙。

所有图片：

哈图萨斯，乔鲁姆省，土耳其

哈图萨斯是赫梯帝国的首都，在公元前2000年，赫梯帝国统治着如今土耳其的大部分地区，以及美索不达米亚北部的部分地区和黎凡特。赫梯帝国被亚述人吞并后，哈图萨斯被进犯军队蹂躏并付之一炬，侵略者包括来自巴尔干半岛的弗里吉亚人。

然而，这个王国的毁灭，现在被更广泛地视为青铜时代晚期衰落的一部分，当时地中海东部的文明——包括希腊的迈锡尼文明和埃及帝国——都瓦解了。人们认为其原因可能包括气候变化和干旱，它们导致农作物歉收，以及引起不同社群间为争夺资源而发生的激烈冲突。

（右图）雕刻着赫梯冥府诸神的浮雕。

（下图）国王门上的战神。

（最右边）即使在3000年后，这条由巨石搭建的长达70米的隧道仍然可以通行。

艾因达拉神庙，阿夫林镇，阿勒颇省，叙利亚

艾因达拉神庙是一座西罗－赫梯神庙，在公元前 1300—前 740 年投入使用。可能是为了供奉古代苏美尔女神伊师塔。在它的废墟中有玄武岩雕刻的狮子和狮身人面雕像，以及印刻在石头地板上的巨大的人类脚印。

艾因达拉神庙因与《旧约》中对耶路撒冷所罗门神庙的描述相似而闻名。

2018 年 1 月，叙利亚内战期间，土耳其对库尔德武装发动空袭，这座神庙因此被严重损坏。

凡城堡垒，凡城省，土耳其

凡城堡垒是亚美尼亚的乌拉尔图王国在公元前 9 至前 7 世纪建造的。俯瞰乌拉尔图都城图什帕遗迹，可以看到堡垒的下部由玄武岩制成，上部则是由泥砖制成。

兴起于公元前 9 世纪的乌拉尔图王国经常与南方的亚述人发生冲突，并最终在公元前 6 世纪从伊朗落入米堤亚人的手中。

海洋墓地，米拉，安塔利亚省，土耳其

位于米拉的吕基亚岩石墓葬最初被漆成鲜红色、黄色、蓝色和紫色。它们可以追溯到公元前4世纪，那时吕基亚是马其顿帝国的一部分。米拉后来成为罗马的受保护国，米拉的大部分区域都消失在迈罗斯河的冲积平原之下，但其卫城、剧院和浴室已被挖掘出来。

所有图片：

佩特拉，马安省，约旦

佩特拉因位于沙漠商队路线的十字路口而发展起来，并有山谷作为天然屏障。尽管气候恶劣，公元前 4 世纪定居于此的纳巴泰人却巧妙地收集和引来了足够的泉水和雨水，在这座城市的鼎盛时期，它容纳了 3 万人。

1 世纪，佩特拉成为罗马人的殖民地，但在随后的一个世纪，新的海上贸易路线建立，叙利亚的巴尔米拉崛起成为丝绸之路上的贸易中心，佩特拉的财富迅速减少。363 年，一场地震摧毁了这座城市的许多建筑和供水系统，情况因此更加恶化。

（上方和下一页）1 世纪希腊风格的圆形竞技场，后来被罗马人改造。

（右侧）佩特拉遗址有超过 800 多座坟墓。

（对面）卡兹尼神殿是一座建于 1 世纪初的陵墓和地穴，于砂岩岩面上开凿而成。

虽然外观宏伟，但后面的大厅相对较小。

马萨达要塞，朱迪亚

马萨达要塞一直是罗马卫戍部队的驻地，直到66年，在犹太大起义中，被犹太宗教教派匕首党攻占。为了逃离耶路撒冷的迫害，其他的犹太人随后加入了匕首党。六年后，罗马军队包围了这座要塞，用三个月的时间修建了一段坡道，从那里发起了反攻。我们只能依靠历史学家弗莱维厄斯·约瑟夫斯的记载，不过据他所说，罗马人发现除了藏在水池里的两名妇女外，马萨达的960名居民都选择了集体自杀，而不是投降。

大柱廊，巴尔米拉，霍姆斯省，叙利亚

位于罗马帝国边缘的巴尔米拉是东西方文明的混合体：它看起来像一座希腊罗马风格的城市，但它的居民崇拜的则是当地的闪米特人、美索不达米亚人和阿拉伯人的神。巴尔米拉位于贯穿叙利亚沙漠的商路上的一片绿洲，在1世纪成为罗马的重要附属城市。大柱廊就是在接下来的两个世纪里建成的。

陵墓谷，巴尔米拉，霍姆斯省，叙利亚

陵墓谷有 50 多座墓地，其中距今最近的一座建于 128 年。

巴尔米拉于 260 年达到鼎盛，在那时，它反抗罗马统治，建立了覆盖黎凡特、埃及和小亚细亚的大部分地区的帝国。但在 273 年，罗马皇帝奥勒留把这座城市夷为了平地。重建后的巴尔米拉仅仅作为一个规模有限的定居点，1440 年，它又遭到了帖木儿汗国的破坏，因此沦为一个小村庄。

2015 年，在叙利亚内战期间，该遗址被伊斯兰国（IS）占领，他们破坏和摧毁了该市的众多神庙和建筑，同时把文物出售给商人。

泰西封拱门，巴格达省，伊拉克

泰西封拱门曾是3—6世纪建造的皇宫的一部分，现在是泰西封遗址的全部遗迹。泰西封是帕提亚帝国（公元前247—226年）和它的继任者萨桑帝国（226—651年）的首都，最终在8世纪被废弃，当时阿拔斯王朝的哈里发建立了一个新的首都巴格达。距离该地仅仅35公里。

前几页：

圣西蒙教堂遗址，阿勒颇省，叙利亚

圣西蒙教堂于 475 年落成，围绕着圣西蒙居住和传教 37 年的柱子而建。在 7 世纪叙利亚成为阿拉伯帝国一部分时，这座教堂被占领，长期以来一直是一片废墟，直到 2016 年叙利亚内战期间，它因俄罗斯的空袭再次遭到严重损坏。

左侧：

大清真寺，哈兰，桑尼乌法省，土耳其

大清真寺及其宣礼塔比伊斯兰教更早诞生：它们建于罗马时期的哈兰，在 7 世纪阿拉伯人夺占这里后，其被改建成了伊斯兰教礼拜场所。

早在公元前 3000 年，哈兰本身就是一个主要的贸易中心。这座城市在 13 世纪 60 年代被蒙古人摧毁。

教堂废墟，阿尼，卡尔斯省，土耳其

在 10 世纪和 11 世纪，阿尼是巴格拉提德亚美尼亚王国的首都，该王国横跨今天亚美尼亚和土耳其东部的大部分地区。

阿尼曾拥有约 10 万人口，1236 年被蒙古人进犯，1319 年被地震摧毁。就这样，它变成了一个村庄，逐渐被遗弃。

所有图片：

纽格莱奇墓，米斯郡，爱尔兰

纽格莱奇遗址建于公元前3200—前3100年，由一个石圈和土丘组成，土丘中的房间有可能是墓室。唯一的光源是门道上方的开口，它与冬至的日出光线对齐。在遗址外部，镶边石呈圆形紧紧将遗址围住，其中许多都装饰着巨石艺术（见上图）。几个世纪后，在这圈石头外又建造了一个由12块立着的石头组成的圆环（左侧和对面）。

巨石阵，威尔特郡，英国

巨石阵被认为是在公元前3000—前2000年之间建造的，它在很多方面仍然是一个谜，包括它是如何建造的以及它的用途是什么。一些建造石阵的青石是在240公里外的威尔士开采的。但是，在没有轮子的时代，这么大的石头是怎么运到这么远的地方的呢？

巨石阵被认为是一个举行重要仪式的场所，目前所知，大约在公元前2600年，它的东北入口被调整，使其与当时的冬至日落和夏至日出精确对齐。在立石后面是几百座古老的土冢。

前几页：

卡拉尼什巨石阵，刘易斯斯岛，外赫布里底群岛，苏格兰

卡拉尼什巨石阵是刘易斯斯岛上的几个石圈、石拱和石阵中最大的，建于公元前 2900—前 2600 年之间。

巨石阵由一块独立巨石和围绕它的石圈以及五列石阵组成，直到公元前 1500—前 1000 年似乎都还在使用。在石阵完成之后的某个时间添加了一座墓穴。但卡拉尼什巨石阵的用途目前尚不清楚。

右侧：

埃夫伯里石圈，威尔特郡，英格兰

在埃夫伯里，两个石圈被一个更大的石圈所环绕，石圈本身则又被一个圆形的河岸和壕沟所包围。

一条由成对的石头铺成的大道从河岸的边缘延伸出去。人们认为从公元前3000年到前2400年，它的建造经历了几个阶段，从内圈开始，向外延伸。人们认为这里是用于举行宗教仪式的，但它的确切目的尚不清楚。

左侧和上方：

克诺索斯，克里特岛，希腊

克里特岛的米诺斯文明是欧洲第一个高度发达的文明，他们在公元前2500—前1450年间殖民了地中海东部。克诺索斯城成为一个仪式和政治中心。在尝试解释米诺斯文明终结的原因时，有人称约在公元前1550—前1500年间，距离克里特岛大约100公里的锡拉岛（现在的桑托林岛）上火山喷发，引发的海啸摧毁了米诺斯文明，导致了这个有着悠久历史的文明的衰落。随着文明变得更加脆弱，米诺斯人逐渐被来自希腊大陆的迈锡尼人夺取了权力。

《百合花王子》（上图）是根据公元前1550年的三幅壁画残片修复而成。上面画着一个戴着百合项链和孔雀羽毛王冠的年轻人。

（对面）因为右边雪花石膏制的椅子，考古学家认为这间房子是觐见室，墙壁上的壁画描绘的是格里芬。

乌飞顿白马峭壁，牛津郡，英国

乌飞顿白马峭壁的历史可以追溯到公元前 1380—前 550 年，它的制作方法是在山腰处开凿出 1 米深的壕沟，然后在里面填满的白垩石粉末。

人们一直在争论，这个抽象图案是否真的代表了马，而不是狗或剑齿虎。

右侧：

卫城，雅典，阿提卡，希腊

雅典卫城自公元前 4000 年就有人居住，但其现存的主要建筑——帕提依神庙、卫城山门、伊瑞克提翁神庙、胜利女神雅典娜神庙都是在公元前 5 世纪建造的。该建筑项目是受雅典执政官伯里克利的委托，为了纪念希腊人防御了波斯人在公元前 480—前 449 年的进攻而建。在波斯进攻期间，雅典被占领，早期的帕提依神庙和其他建筑被烧毁。

下一页：

剧院，特尔斐，希腊中部，希腊

从公元前 7 世纪起，上层希腊人来到特尔斐城，借助一名通神的女祭司来请示神谕，他们相信阿波罗神会回应他们的问询。

特尔斐剧院始建于公元前 4 世纪，经过了多次改建，其中包括 67 年，为尼禄皇帝的来访而进行的修缮。约在六七世纪时，这座古城被废弃了。

庞贝，坎帕尼亚，意大利

庞贝曾经是罗马的一个主要城市，人口约11000人，直到79年维苏威火山（由此远眺）爆发，被4~6米的火山灰和浮石所覆盖。除了许多别墅和商铺外，该城还有两个剧院和一个圆形竞技场。

所有图片：

庞贝，坎帕尼亚，意大利

尽管被维苏威火山喷发的火山灰和浮石掩埋，庞贝古城还是保存了下来。古城于1599年首次被发现，并于1748年被妥善发掘，这座城市在一千多年里免受雨打风吹，人们因此在这里发现了大量完整的建筑和壁画。

（顶部）庞贝城的居民很有可能死于火山喷发的高温，而不是因火山灰造成的窒息死亡。

几个世纪以来，他们的身体腐烂瓦解，在火山灰中留下空洞。为了还原这些尸体的位置和形状，考古学家们在这些空洞中注入了石膏。

（上图）阿波罗神庙外阿波罗雕像的复制品。破碎的原雕像是在19世纪初发现的。

左侧：

地下墓穴，罗马，意大利

火葬原本是罗马人的葬礼习俗，而基督徒和犹太人选择埋葬死者。2 世纪，随着罗马基督教徒人数的增加，人们在城墙外挖了一些地下墓穴来埋葬基督教徒。当基督教在 4 世纪末成为国教时，越来越多的葬礼在教堂墓地举行，墓穴的使用也逐渐减少。

上方：

罗马大角斗场，罗马，意大利

罗马大角斗场由石头和罗马式混凝土建成，是有史以来最大的圆形竞技场，可容纳约 5 万至 8 万名观众。它于 80 年完工，举办角斗游戏、死刑、战争重现表演和古典戏剧表演，这些活动一直持续到 6 世纪。

在中世纪，竞技场的基座被用作墓地，座位下方的拱形区域被改造成房屋和作坊，大理石的外立面被拆下来烧成生石灰。

下一页：

哈德良长城，英格兰

哈德良长城长 117.5 公里，是世界上最大的罗马人工作品。虽然据说它的建造是为了保护帝国行省不列颠尼亚免受北方古不列颠人的侵犯，但更为重要的是，它全面地展示了罗马帝国的势力。它建于 122—128 年之间，人们认为石灰岩墙最初是被灰泥覆盖并被漆成白色的。

上方：

渡槽，塞哥维亚，卡斯提尔－莱昂，西班牙

罗马帝国位于塞哥维亚的渡槽将 17 公里外的弗里奥河引入该城。渡槽在 1 世纪末或 2 世纪初完工。当摩尔人在 1072 年进犯塞哥维亚时，部分渡槽被毁，塞哥维亚被废弃。第一次重建工作是在 15 世纪末至 16 世纪初在国王费迪南和王后伊萨伯拉领导下进行的。

对面：

克劳狄亚渡槽，拉齐奥，意大利

克劳狄亚渡槽长 69 公里，主要在地下运行，为罗马带来了泉水。临近城市时，渡槽出现在拱门上，有些拱门高达 30 米。它由卡利古拉皇帝于 38 年开始修建，于 52 年，由卡利右拉皇帝的继任者克劳狄完成。

美洲和太平洋

玛雅人、印加人以及北美、中美洲和南美洲的印第安人的祖先至少在 1.5 万年前从亚洲迁徙到了阿拉斯加。他们不像非洲、中东、欧洲和亚洲居民那样，几个世纪以来借由贸易、移民和战争互通有无，数千年来，他们一直生活在美洲大陆，与世界上的其他地方鲜少有较多的交流。

考虑到这种隔绝状态，美洲古代文明与世界其他地区的文明之间的众多相似之处也就十分令人惊奇。墨西哥的特奥蒂瓦坎人和埃及人一样，用石头建造了巨大的金字塔。印加人同罗马人一样建造了覆盖范围广阔的道路网，而玛雅人则开凿了运河。像古代希腊人和中世纪时期的波斯人一样，玛雅人发展出了高等数学和天文学。与古代中国的情况类似，印加人创造出了结绳记事，玛雅人创造了自己的文字。

当然，这种隔绝也使得美洲大陆得以远离世界其他地方流行的疾病。当欧洲人在 15 世纪和 16 世纪第一次接触美洲人时，一种主要的传染病，即天花，造成了当地的土著居民大量死亡，玛雅文明和印加文明也随之终结。

左侧：

奥扬泰坦博，库斯科地区，秘鲁

没有钢铁，没有装有轮子的运输工具，没有役畜，也没有文字系统，在 15 世纪早期到 16 世纪早期印加人却建立了一个组织严密的社会，建造了宏伟的建筑和广泛的道路网。印加帝国的统治区域覆盖如今的秘鲁、厄瓜多尔和玻利维亚，以及智利、阿根廷和哥伦比亚的部分地区，有 1000 万至 1200 万人口，它可能是当时世界上最大的帝国。

阿纳姆地，北领地，澳大利亚

阿纳姆地的土著洞穴艺术大约有两万八千年的历史，是澳大利亚最古老的洞穴艺术遗址。阿纳姆地的洞穴艺术描绘了鱼、小袋鼠、鳄鱼、人和各种神灵形象。这里的原住民是从印尼群岛经海路来到澳大利亚的，他们在此已经生活了四万五千年。

手洞，圣克鲁斯，阿根廷

为了画出这些手的轮廓，艺术家们将一只手贴在墙上，然后向其喷射颜料。这些洞穴壁画还包括表现人们狩猎的场景、美洲驼、骆马（一种类似美洲驼的物种），以及几何图案。从用来喷漆的骨制的喷管来看，这些艺术品的年代可以追溯到公元前 11000—前 7500 年。

卡拉尔，巴兰卡，秘鲁

北奇科文明是美洲最古老的文明，卡拉尔城是其30个定居点中最大的一个。公元前2600—前2000年，卡拉尔城一直有人居住，它距离海岸20公里，位于一个干旱的山谷里，这里的人们通过灌溉技术种植庄稼和棉花。这座城市的遗址包括6个巨大的石头金字塔、土建高台和下沉广场。

纳斯卡线条，伊卡，秘鲁

这些线条可以从周围的山麓看到，是纳斯卡文明在200—600年的某个时间创作的。

尽管其目的仍是一个谜，但线条的制作方法却很简单：将表层微红的石头划10~15厘米深，露出下面的白色土壤。这条纳斯卡线被认为代表一双手。

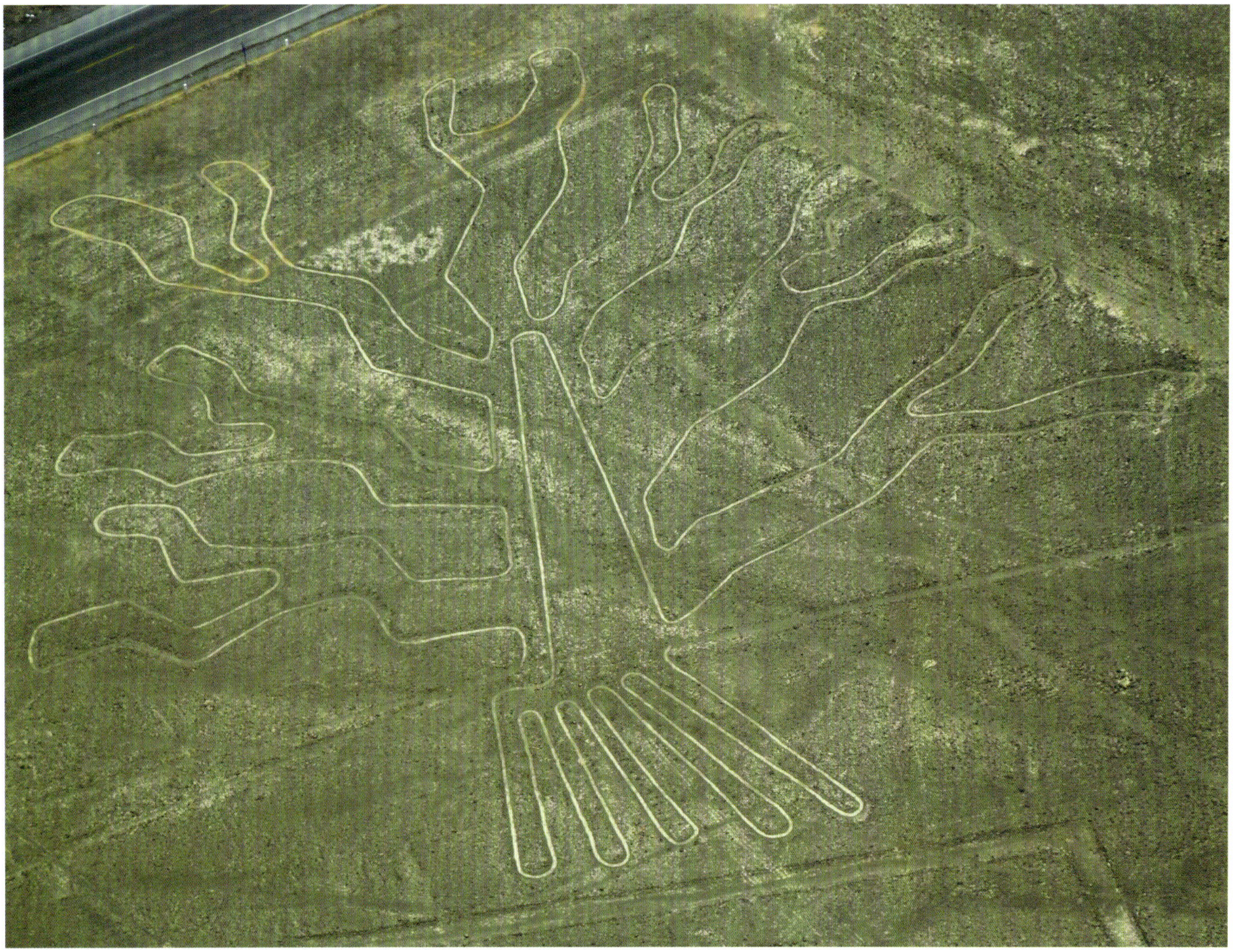

所有图片：

纳斯卡线条，伊卡，秘鲁

在近500平方公里的土地上，有300条纳斯卡线，其中最大的一条是长285米的鹈鹕。大部分的图画是几何形状，如三角形和螺旋线。

大约有90条线条描绘的是自然界的事物，从植物、花卉、树木（上图）到动物物种，包括人、猴子、狗、鲸鱼和鸟类，如秃鹰（左图）。

上一页：

太阳门，的的喀喀湖，拉巴斯，玻利维亚

太阳门由蒂亚瓦纳科人用一块坚硬的石头建造而成。300—1150 年间，蒂亚瓦纳科人生活在的的喀喀湖周围。人们认为门口上方的这个浮雕代表太阳神。他被长着翅膀的雕像包围着，这些雕像有些是人头，其余的是秃鹰头。

左侧：

特奥蒂瓦坎，墨西哥州，墨西哥

450 年，特奥蒂瓦坎的人口约有 25 万，势力到达极盛。在哥伦布发现美洲大陆之前，特奥蒂瓦坎是美洲最大的城市，也是世界第六大城市。这座城市占地面积 83 平方公里，管理墨西哥谷地，是农业、贸易和工业中心，开采黑曜石（一种火山岩玻璃）来制作刀具和其他工具。它在政治和文化上与东南部尤卡坦半岛的玛雅文明相互影响。

这幅图是该遗址最大的金字塔，太阳金字塔（前景图），它大约在 200 年建成，但是最早的建筑物则可以追溯到公元前 200 年左右。特奥蒂瓦坎展开在一个精确的网格系统中，有成排的房屋、大厦和巨大的广场，而金字塔的顶部则是用来举行祭祀仪式的，包括人祭。

大约在 550 年，这座城市的主要建筑被洗劫和烧毁，但不知道是谁所为。750 年左右，特奥蒂瓦坎城被废弃。

所有图片：

羽蛇神殿，特奥蒂瓦坎，墨西哥州，墨西哥

特奥蒂瓦坎城第三大金字塔建造于150—200年，因为它反复展现中美洲神祇的图像（上图和左图），故而在今天被称为“羽蛇神殿”。在这座城市的黄金时期，金字塔和其他主要建筑被涂成红色。在金字塔下面，活人祭祀的证据被发现了：那里有200具双手被绑在背后的男性和女性的尸体。

上方：

亚斯奇兰，恰帕斯州，墨西哥

位于亚斯奇兰的玛雅文明遗址以其 7 世纪和 8 世纪的建筑闻名于世，其中保存完好的雕塑和石碑描绘了这座城市的王朝历史。门上的这个雕塑展示的是一位手持礼仪用杖的领袖。

右侧：

卡拉克穆尔，坎佩切州，墨西哥

作为玛雅最大的城市之一，卡拉克穆尔在 7 世纪达到极盛，当时人口估计约有 5 万。除了巨大的金字塔外，城市的废墟中还有 6500 多座古代建筑物，包括引水渠、水库、球场、皇家墓地，以及连接这个城邦和卫星城的堤道。卡拉克穆尔的主要竞争对手是位于南部 100 公里的蒂卡尔，该国偶尔会与之交战。

右侧：

蒂卡尔遗址，佩滕省，危地马拉

与蒂卡尔的其他主要建筑一样，最大的金字塔（右图）与太阳和恒星排成一线，这表明当时玛雅人对天文学的理解比同时代的欧洲人更先进。他们还发展了高等数学和玛雅文字。

玛雅城市中心在公元前 2 世纪晚期发展起来，在 3 世纪到 10 世纪初达到顶峰。在今天的墨西哥东南部，危地马拉和伯利兹，萨尔瓦多和洪都拉斯的部分地区，玛雅人建造了城邦——这些城邦拥有金字塔，先进的灌溉系统和精致的雕塑，但却没有金属工具、役畜或带有轮子的运输工具。

到 10 世纪末，蒂卡尔和其他玛雅城邦被遗弃，其原因可能是人口过剩、干旱和土壤枯竭造成的作物歉收。. 尽管当地人并没有完全忘记蒂卡尔，但它一直隐藏在丛林中，直到 19 世纪 50 年代才被发现。

下一页：

科潘遗址，科潘，洪都拉斯

该图表现的是一处建于公元 8 世纪早期的建筑入口处的细节。人们认为这些头骨状的雕塑代表的是当地人生活在阴间的祖先。9 世纪，当玛雅城邦科潘崩溃时，此处的居民也如潮水一般散去，村民从这些巨型建筑中偷取石块，建造简单的居所。

帕伦克，恰帕斯州，墨西哥

帕伦克的铭文神殿（最右边）是巴加尔二世的陪葬建筑。7 世纪，在其统治期间，他复兴了玛雅城邦。

顶层的雕塑原本是彩色的，用蓝色标出的是神，用黄色标出的是地狱的鬼怪，所有雕像都放置在浅红色背景前。

所有图片：

帕伦克，恰帕斯州，墨西哥

因为帕伦克的建筑师们把完工日期刻在墙上的玛雅日历（左侧和对面）上，因而我们能确切地知道宫殿的各侧建筑是在七八世纪建成的。

自始至终，玛雅文明都有活人祭祀。敌国国王会被斩首；其他俘虏则被挖出内脏。一些人的手脚被捆在一起，沿着大殿的台阶滚落。为了让死去的贵族在帕伦克有人陪伴，一个年轻的女人就会被活埋。

8 世纪后，帕伦克没有再建新的仪式性建筑。农民仍然存在，但城市逐渐被遗弃。虽然在 8 世纪以后，90% 的玛雅人消失了，但玛雅文明幸存了下来——他们的语言至今仍在使用——不过这个文明的大型聚居区早已崩溃。

左侧和上方：

昌昌古城，利伯塔德区，秘鲁

昌昌古城是美洲最大的泥砖建造的城市，是奇穆王国的首都，奇穆王国在850—1470年统治秘鲁北部海岸地区。在欧洲人到来之前，奇穆王国是最先进的美洲文明之一，以其金属加工和黑色陶瓷闻名于世。15世纪70年代，印加人占领了这个王国。但六十年后，印加帝国被西班牙人弗朗西斯科·皮萨罗占领了。

昌昌古城被西班牙人洗劫一空。在古城以东几公里处，皮萨罗接着建立了特鲁希略城，进一步削弱了这座前奇穆王国首都的重要性。城市里所有的浮雕的描绘对象都反映了它的海岸生活：鱼、海浪、渔网和鹈鹕（上图）。

上一页：

佩尔迪达城遗址，马格达莱纳省，哥伦比亚

这座城市据说在16世纪西班牙人殖民期间被遗弃，现在它被称为佩尔迪达城，意即“失落之城”，大概建于800年。在1972年以前，该城一直淹没在密林之中。这座城市由平铺的道路、圆形广场和169个在山坡上开凿出的露台组成。它可能是泰罗尼亚文化的一个中心，据说一度有2000~8000人生活在佩尔迪达城。

土库美金字塔群，兰巴耶克大区，秘鲁

土库美有 26 座金字塔和土丘。土库美是一片 220 公顷的土地，居住着西坎人（800—1350 年），后来被奇穆人（1350—1450 年）占领，最后被印加人（1450—1532 年）占领。

西坎人建造了泥砖纪念碑作为社会精英的墓地和礼拜场所。

复活节岛，太平洋，智利

复活节岛的文明并没有完全消失，但是当欧洲人在 1722 年第一次登陆时，展现在他们面前的是一个谜团。他们发现了 887 座雄伟的石像，但几乎所有的石像都被推倒了，以及一个再也无法树立起如此庞大的巨石雕像的贫穷部落。到底发生了什么事？波利尼西亚人在 700—1000 年间曾于此居住，据说，复活节岛的人口在 17 世纪早期达到顶峰，约有 15000 人，之后由于环境恶化迅速下降到不足 3000 人。

到了 18 世纪，这个曾经被森林覆盖的岛屿不再有乔木，水土流失也导致这里无法再种植树木。树木种类的匮乏也意味着无法向岛上的鸟类提供筑巢的地方，因此导致了这些鸟类的灭亡。滥砍滥伐意味着无法建造新的用于捕鱼的独木舟，而水土流失也导致了更严峻的农作物歉收。据推测，由于波利尼西亚鼠的意外引入，动植物也灭绝了。

梅萨维德国家公园，科罗拉多州，美国

古普韦布洛人——美洲原住民——在600—1300年居住在梅萨维德地区。他们既是狩猎–采集者，又是农民，他们的农作物包括玉米、豆类和南瓜——被称为北美的“圣三一”，因为这三种作物在一起会生长得很好，从营养价值上来说也能互补。

从12世纪开始，古普韦布洛人建造了600处悬崖居所，这些居所保存至今。然而，一个世纪后，长期的干旱迫使他们放弃定居地，向南迁移。

对面的左上方和底部：

图卢姆遗址，金塔纳罗奥州，墨西哥

尤卡坦半岛上的港口城市图卢姆是玛雅人最后建造的城市之一，它在13—15世纪发展到顶峰。它是一个重要的政治和贸易中心：黑曜石、黄金和铜从墨西哥内陆地区运到此处，而盐和纺织品则从沿海地区汇集于此。

16世纪初，西班牙人到达了图卢姆。他们从两个方面摧毁了玛雅文明：强大的军事力量和自身携带的疾病——比如天花——玛雅人对此毫无抵抗能力。不到100年，图卢姆就被废弃了。

上方：

卡俄基亚土丘，伊利诺伊州，美国

卡俄基亚是一座16平方公里的城市，由美国原住民在密西西比河沿岸修建，有成排的房屋、豪宅和广场。考古学家认为该城的120个土丘之上原本建着坟墓、神庙或宫殿，就像中美洲的城市一样。

卡俄基亚在600年定居于此，成为密西西比文化的中心，而密西西比河洪泛平原遍布着卫星城，该城在11世纪发展到顶峰，在200年后被废弃，但历史学家并不知道原因为何。

左侧：

乔昆丘拉遗址，库斯科大区，秘鲁

像印加帝国安第斯山脉中心地带的其他遗址一样，乔昆丘拉位于海拔 3000 米的地方。除了梯田之外，这座城市还有神庙、供上层人士居住的豪宅和引导泉水的灌溉系统。

下一页：

马丘比丘，库斯科大区，秘鲁

虽然马丘比丘现在是世界上最著名的历史遗迹之一，但它有人定居的时间却相对较短。据说，它建于 1450 年左右，是印加皇帝帕查库特克的财产，一个世纪后，它在西班牙占领秘鲁期间被废弃。尽管它从未被当地人遗忘，但直到 1911 年它才被外界所知。

所有图片：

马丘比丘，库斯科大区，秘鲁

和其他印加人定居点一样，马丘比丘的最高点是一块雕刻的巨石，即拴日石（顶部），它与冬至日太阳对齐。西班牙人认为这些石头是在蔑视上帝，因此摧毁了所有能找到的拴日石。

印加的建筑是由石头建造的，这些石头被反复砍削，直到完美地契合在一起，其间不使用灰泥。据估计，每间屋子可以容纳 750 人，马丘比丘有 200 间这样的房子，很多都曾被重新修缮过。

所有图片：

奥扬泰坦博，库斯科大区，秘鲁

奥扬泰坦博有17块梯田，铺展在两个山岬之间的斜坡上（左下方）。在这些梯田的顶端是一座尚未完工的神庙。印加梯田种植的是土豆、玉米和藜麦（上图）。当地的家畜包括美洲鸵、羊驼和豚鼠。

印加人建立定居点的部分原因是给战斗部队提供庇护所和食物——奥扬泰坦博的意思是“我主人的仓库”。在这些定居点之间，印加人修建了平坦的道路，以便于军队能够快速穿越帝国。

上一页：

马里遗址，库斯科大区，秘鲁

马里的圆形梯田是用石头和夯土建成的。最大的圆坑有30米深，和其他印加遗址一样，它有一个灌溉系统。考古学家不知道这些深坑的目的或宗教意义是什么。

奥扬泰坦博，库斯科大区，秘鲁

1531 年，西班牙人带着马匹、一些枪支，以及最重要的钢剑和钢铁盔甲来到秘鲁。

与此相反，印加人只有铜制或木制的棍棒、弹弓、斧头，布制盔甲。西班牙人还携带着一种生理武器——疾病，包括天花。据估计，在一个世纪内，当地 90% 以上的人死于传染病。

然而，在 1537 年的奥扬泰坦博战役中，印加人成功地击退了西班牙领导的军队并迫使其撤退。然而，随着西班牙援军的到来，印加人撤退到比尔卡班巴的森林里，在那里，曼科・印加・尤潘基建立了新印加国。这是印加帝国最后的避难所。35 年后，新印加国落入了西班牙人的手中。

图片出处

Alamy: 7 (Matthew Williams-Ellis), 8 (Hemis.fr/SEUX Paule), 15 bottom (Mike Greenslade), 24/25 (Art Kowalsky), 32/33(Robert Harding/Michael Runkel), 36 (Photomadnz), 44/45 (Axiom/Peter Langer), 60/61 (John Warburton-Lee Photography/Antonia Tozer), 72 bottom (Jon Arnold Images), 73 (Robert Harding/Michael Runkel), 78 top (Loop Images/Tiara Anggamulia),79 (Karin De Winter), 83 (Zoonar/Konstantin Kalishko), 88 (Neil McAllister), 92/93 (Ping Han), 94 (Marc Anderson), 98 (Kevin Schafer), 100 (Interfoto), 101 (National Geographic Creative/Vincent J Musi), 104/105 (Prisma Archivo), 107 (Image Broker/Martin Siepmann), 110/111 (Image Broker/Paul Williams – Funky Stock), 114 top (Darren Ruane), 116/117 (Eric Lafforgue),120/121 (Luis Dafos), 126 (Blickwinkel/Neukirchen), 127 (Idealink Photography), 128/129 (Henry Avidsson), 130/131 (Robert Preston Photography), 142(Stephen Emerson), 143 top (Prisma by Dukas Presseagentur/Luthy Yannick), 143 bottom (Image Broker/Markus Friedrich), 144/145 (Funkyfood London/Paul Williams), 150 & 151 (Hercules Milas), 154/155 (Skyscan Photolibrary), 156/157 (Milan Gonda), 158/159 (Funkyfood London/Paul Williams), 162 top (Martin Shields), 162 bottom (David Sutherland), 163 (Furlane Images), 164/165 (Robert Estall Photo Agency), 169 (Konstantin Kulikov), 174 (Patrick J Endres), 180/181 (Mark Green), 184/185 (DBA Images), 186/187 (David South), 188 (Barna Tanko), 189 both (ASK Images),190 (J Enrique Molina), 198 (Jorge R Gonzalez Chiapas), 199 both (Zoonar/Konstantin Kalishko), 20/201 (Esteban Rodriguez),204/205 (Ivan Vdovin), 211 (National Geographic Creative/Ira Block)

Getty Images: 42/43 (De Agostini/G Nimatallah), 46/47 (NurPhoto), 64/65 (De Agostini/A Tessore), 102/103 (Essam Al-Sudani), 124 (Mohamad Abazeed), 136 (De Agostini/A Vergani), 138/139 (Patrick Aventurier), 173 (Filippo Monteforte), 176/177(Universal Images Group/Auscape), 194/195 (Orlanda Sierra), 208/209 (Mladen Antonov), 210 top (Kitti Boonnitrod), 210bottom (De Agostini/W Buss), 217 bottom (Goh Chai Hin)

Shutterstock: 6 (Yacine Ketf), 10/11 (Dmitry Pichugin), 12/13 (Patrick Poendl), 14 both (Oleg Znamenskiy), 15 top (Homo Cosmicos), 16 top (Kanuman), 16 bottom (WitthayaP), 17 (Dmitry Kovba), 18/19 (Skreidzeleu), 20 top (Dmitry VP), 20 bottom& 21 (Tomasz Guzowski), 22/23 (Paola Nerone), 26/27 (Hecke61), 28/29 (Homo Cosmicos), 30/31 (Valery Bareta), 34 top(Evenfh), 34 bottom & 35 (Yury Birukov), 38 (Deepak Bishnoi), 39 (Mahantesh C Morabad), 40/41 (Asit Jain), 48/49 (Ender Bayindir), 50/51 (Gary Yim), 52/53 (Inguaribile Vlaggiatore), 54/55 (Cortyn), 56/57 (Yongyut Kumsri), 58/59 (Lao Ma), 58 & 59(Peter Stuckings), 62/63 (Beibaoke), 66/67 (Zephyr_p), 68 (Pius Lee), 69 top (Anatolii Lyzun), 69 bottom (Belu Gheorge), 70/71(Sylvain B), 72 top (Rom Rantang), 74/75 (Udompeter), 76/77 (Martin M303), 78 bottom (R M Nunes), 80/81 (Valery Bocman),82 (Kanuman), 84/85 (DR Travel Photo and Video), 86/87 (Noun Roth), 89 (Sungki Kang), 90/91 (Mile Fuchslocher), 95(Songsak Pandet), 96/97 (axz700), 106 top (Lauradibi), 106 bottom (Stylone), 108/109 (Homo Cosmicos), 112/113 (Konstantin Tronin), 114 bottom (Fulvio Masuero), 115 (Kanuman), 118/119 (Stock Studio), 122/123 (Knovakov), 125 top (Valery Shanin),125 bottom (Tetrisfun), 126/127 (Baishev), 132/133 (Anujak Jaimook), 134/135 (Alexandru Nika), 140/141 (Travellight),146/147 (Colin Cameron), 148/149 (Stocker1970), 152, 153 top (Ongala), 153 bottom (Tishomir), 160/161 (Gustavo Frazao),166/167 (Concept W), 168 (David Soanes), 170/171 (Sara Winter), 172 (Botond Horvath), 178/179 (Tory Kallman), 182(Tatsuya Ohinata), 183 top (James Wagstaff), 183 bottom (Canyalcin), 191 (Marcos Dominguez), 192/193 (Lai Quoc Anh), 196/197 (Diego Grandi), 202 (Mikluha Maklai), 203 (Spacaj), 206/207 (Tomaz Kunst), 212/213 (Christian Declercq), 214/215(Eteri Okrochelidze), 216 (Curioso), 217 top (James Dugan), 218/219 (Sunsinger), 220 top (James Dugan), 220 bottom (Vadim Nefedoff), 221 (Don Mammoser), 222/223 (Vadim Nefedoff)

索　引